first word search

Reading
Made
Easy

Illustrated by
Steve Harpster

STERLING

New York / London
www.sterlingpublishing.com/kids

STERLING and the distinctive Sterling logo are registered trademarks of Sterling Publishing Co., Inc.

Lot #:
10 9 8 7 6 5 4 3
03/13
Published by Sterling Publishing Co., Inc.
387 Park Avenue South, New York, NY 10016

© 2005 by Sterling Publishing Co., Inc.

Distributed in Canada by Sterling Publishing
c/o Canadian Manda Group, 165 Dufferin Street
Toronto, Ontario, Canada M6K 3H6
Distributed in Australia by Capricorn Link (Australia) Pty. Ltd.
P.O. Box 704, Windsor, NSW 2756, Australia

Sterling ISBN 978-1-4027-7802-5

For information about custom editions, special sales, premium and
corporate purchases, please contact Sterling Special Sales
Department at 800-805-5489 or specialsales@sterlingpublishing.com.

A Note to Parents:

Word search puzzles are both great teaching tools and lots of fun. After reading the word and spelling it out loud, have your child search for it in the grid. Then once it's found, have your child use the word in a sentence. This will help to reinforce vocabulary and grammatical skills.

Directions:

Each puzzle consists of a letter grid and a word list at the bottom of the grid. Each word can be found somewhere in the letter grid. The tricky part is that a word can appear reading forward, backward, up, down, or diagonally. There are many different ways to search for a word. A few hints: first look for words that go across; words that go down; or words with unusual letters in them, like Q, Z, X, or J. Once the word is found, draw a circle around it. It's also a good idea to cross out the words from the word list once they are found so that no time is wasted searching for the same word twice. Once all of the words are found, check in the answer section to see if they are right. That's all there is to it!

Good luck and have fun!

After School Fun

```
S  K  A  T  E  M  J  N  M
J  C  H  Z  K  M  X  C  C
M  X  H  T  I  Y  E  A  T
A  W  K  J  B  M  X  M  K
R  E  W  H  U  X  R  Y  M
B  T  C  S  I  L  T  A  F
L  M  I  A  V  D  E  N  N
E  C  M  Z  R  R  E  U  Y
S  P  A  N  D  Q  Z  R  Y
```

Bike	Music
Dream	Nap
Eat	Race
Hide	Run
Marbles	Skate

Airplane

```
E  W  R  M  T  G  T  W  X
L  N  Q  S  N  Q  P  K  L
K  L  O  I  V  S  I  W  X
C  H  W  Y  E  P  L  O  Q
U  B  M  A  A  J  O  D  F
B  R  T  E  T  R  T  N  Y
Y  T  E  F  A  S  T  I  K
M  D  H  P  M  L  V  W  N
R  V  R  T  N  L  A  N  D
```

Buckle	Safety
Host	Seat
Land	Tray
Meal	Window
Pilot	Wing

Animal Crackers Box

```
K A N G A R O O B
V M A L L I R O G
G I R A F F E M O
J R L H R Q R P Y
M E E L W B P L R
K G M M I I E L H
R I A V H O C Z I
W T C X N D N K N
E L E P H A N T O
```

Camel
Elephant
Giraffe
Gorilla
Hippo

Kangaroo
Lion
Rhino
Tiger
Zebra

Around the World

```
Z N F C U B A L C
G E E N A P A J T
R D Q N G T H T U
E E L V G U M E R
E W I N N L L H K
C S Z G I I A R E
E V A K H A C N Y
B R R C T Q P M D
Y B B N N D F S G
```

Brazil	Hungary
Chile	Japan
Cuba	Spain
England	Sweden
Greece	Turkey

Art Class

```
P L X K M Z N L Y
E M E D Q O B L H
V A Y T Y H M R I
E L S A S P M O N
D Q R E A A K L K
A C T I L C P O Z
H M N F O T Y C K
S T K M R E P A P
Y J S K N D R A W
```

Color	Paint
Crayon	Paper
Draw	Pastel
Easel	Shade
Ink	Smock

At Home

```
H N E H C T I K R
N E T T H K F B N
G N L A R S L M T
F X X B H F O R E
D Q A O A O O M P
N O W F R T R K R
Q E O D O Y F T A
R P E R M S X T C
F B L B L I N D S
```

Bath
Bedroom
Blinds
Carpet
Door

Floor
Kitchen
Shower
Sofa
Table

Basketball

```
V M U N I F O R M
D R I B B L E P E
X L M P B V L T E
E B X W Y A F H R
Z R G F Y T T C E
H J O E O R X A F
O M R C U U L O E
O V N O S N L C R
P T C S T N I O P
```

Coach
Court
Dribble
Foul
Hoop

Player
Points
Referee
Score
Uniform

Bedtime

S C E R O N S D K
L T H K Y L Q E V
I W V R E L M B T
P D R E A M Q E P
P N P G V Q K N I
E Y I M K N M W L
R M H G A C Y A L
S G N L H K U Y O
N T B P N T T T W

Bed   Sleepy
Blanket   Slippers
Dream   Snore
Night   Tuck
Pillow   Yawn

The Big City

```
J L R S U B W A Y
M T H S U R M J G
N T L B U S Y N Z
K L A W E D I S L
N N C R D D V M I
P E E A L D P M G
K N R I B J E N H
T Y U I K Q E T T
L B B N S Q B M S
```

Beep	Rent
Building	Rush
Busy	Sidewalk
Cab	Siren
Lights	Subway

Brrr!

```
W  D  T  G  F  R  A  C  S
G  C  O  L  D  V  V  H  S
D  L  N  E  T  T  I  M  T
B  N  O  V  J  K  R  T  O
N  Y  I  V  G  G  A  Z  O
Z  C  C  W  E  O  J  G  B
E  H  B  L  C  S  L  T  Z
K  A  T  T  T  S  O  R  F
L  T  M  G  N  B  N  M  F
```

Boots	Ice
Coat	Frost
Cold	Mitten
Gloves	Scarf
Hat	Wind

Car Wash

```
V  T  R  E  K  Y  K  D  G
N  J  P  E  H  T  T  M  O
Y  I  R  K  P  O  R  H  I
W  A  R  A  P  A  S  Q  L
G  S  Y  R  R  U  O  E  F
V  D  K  B  R  Y  N  S  H
N  U  M  B  U  R  C  S  R
L  S  C  L  E  A  N  B  N
P  B  L  Y  T  M  Z  Q  R
```

Brake	Rag
Brush	Scrub
Clean	Soap
Hose	Suds
Oil	Wipe

Dinnertime

```
F J W L L P P Q H
R E C I R A U C G
U C J N S P I O E
I N O T V W F S S
T W A U D K E M M
Q E L N R E E L L
N T A Z H S B D J
R S G C W H E T T
M G C H I C K E N
```

Beef	Pasta
Cheese	Rice
Chicken	Sandwich
Course	Soup
Fruit	Stew

Eat Your Veggies!

```
Z P O T A T O Z X
R E P P E P N R B
T K R X W T A K M
O D C Y P V E G T
M Q N O J D B R T
A C A R R O T E N
T V Z M P N E E G
O L J E F B V N M
H C A N I P S S N
```

Bean	Pea
Beet	Pepper
Carrot	Potato
Corn	Spinach
Greens	Tomato

Fall

J C N I K P M U P
R K O M X D E Y Y
A E N O D K Z N J
P Q B W L L E R A
P V V O E M E P C
L Q R A T D R N K
E H V W I C B Z E
H E Q C O L O R T
S R E B M E V O N

Apple	Jacket
Breeze	Leaves
Cider	November
Color	October
Cool	Pumpkin

Forest Animals

```
X Y V Y J X T Y T
F Q B T M N V V Z
O C H I P M U N K
X E S O O M R H K
V F T N D H R N R
M L A H A E N A F
N O B R M L E L H
K W E K N B W R M
R A C C O O N Q M
```

Bat   Hare

Bear   Moose

Chipmunk Owl

Deer   Raccoon

Fox   Wolf

Ha-Has

```
G  N  T  K  T  T  L  E  N
M  Y  G  W  N  E  Y  L  L
R  G  M  N  L  H  N  I  A
F  H  L  G  I  S  N  M  U
X  K  G  A  H  S  U  S  G
R  I  V  O  D  G  F  M  H
G  T  U  G  O  O  F  Y  R
N  T  F  E  L  K  C  I  T
R  N  B  Y  L  L  I  S  K
```

Funny	Shout
Giggle	Silly
Goofy	Sing
Glad	Smile
Laugh	Tickle

Hockey

```
C F L K K C B H R
K R B U Z Z E R F
C Y O N R L N W L
U F X W M Z G R L
P O Q E D K O B E
U T T K C Y A F D
T C E I X Y L N A
X N T N E C I T L
K S X D F N E C B
```

Blade	Helmet
Box	Ice
Buzzer	Net
Crowd	Puck
Goalie	Stick

Horseback Riding

```
L C M W O T Q X V
V P Y R L A B F K
E O P E R L T N J
L N E A P L L S M
D Y C D M I L B Y
D E C P I B R Z A
A N M M A R E T H
S U N O B B I R S
J R T B D K K W R
```

Hay
Jump
Mare
Oats
Pony

Race
Ribbon
Ride
Saddle
Stripe

In the Country

```
C H I R P N K C R
C M T R W N K R L
H R F H I J F I I
K K I B C O L T A
R M A C R N W T R
A C B E K E A E T
B P S F I E B R N
T T J V J M T S G
K T E I U Q G S T
```

Bark	Forest
Cabin	Quiet
Chirp	Ranch
Crickets	Trail
Critters	View

In the Kitchen

```
Q K R T K J S N S
O B D K Q H Q G T
D V O J E J S C O
R O E L K K P A V
C F F N A Q O R E
R N N H B K O E J
K N I S P C N F M
G L E W O T G U Y
M I T T W H H L L
```

Bake	Shelf
Careful	Sink
Cook	Spoon
Mitt	Stove
Oven	Towel

Learning Languages

```
N  A  I  L  A  T  I  H  N
T  S  H  M  X  Q  K  E  A
T  G  P  S  L  Z  S  B  I
C  W  E  A  I  E  M  R  S
I  P  T  R  N  L  H  E  S
B  K  B  I  M  I  O  W  U
A  H  H  K  N  A  S  P  R
R  C  R  D  G  Z  N  H  J
A  B  I  D  A  N  I  S  H
```

Arabic	Hindi
Chinese	Italian
Danish	Polish
German	Russian
Hebrew	Spanish

Legends

```
L  L  O  R  T  H  K  F  N
M  N  F  W  K  W  J  V  O
H  L  E  T  I  R  P  S  G
E  S  C  G  X  Z  S  L  A
R  K  E  L  O  P  A  N  R
O  X  M  L  E  B  R  R  D
P  D  G  L  A  L  L  K  D
W  K  L  Q  W  T  N  I  R
H  G  D  F  A  I  R  Y  N
```

Dragon	Spell
Elf	Sprite
Fairy	Tales
Goblin	Troll
Hero	Wizard

Let's Dance

```
G C N N B J A Z Z
N L V F K S L M L
I M Y D S A T T F
W X A L R L E A J
S R O M O S L N N
P W P C B A L G K
M C S A V A A O M
N I N T T R B R D
D E R A U Q S R G
```

Ballet	Slow
Disco	Square
Jazz	Swing
Mamba	Tango
Salsa	Tap

Music

```
B O N G O S Q T L
L E B C H R A N D
R B O M H E H G R
X J N B B O U K U
N X A D O I R N M
M B I N T R G D S
C F P A N R O H W
T G R B Y K X T Z
N V N L A B U T M
```

Band   Guitar
Beat   Horn
Bongos   Oboe
Chord   Piano
Drums   Tuba

My Bedroom

```
M P G A M E S T N
D R A D I O E E L
E P R Y G K Y L M
B C H F N N M B E
C H M A N C N A S
Y M L E N G N T S
Q B A T B G U W Y
T T N T T Y E R L
R E T S O P Y R T
```

Bed	Neat
Blanket	Poster
Games	Radio
Hanger	Rug
Messy	Table

Not Feeling Well?

```
K C I S T M C E I
D O C T O R Y L W
E K K W V H L F Q
E Z K F G G G F G
H Q E U E D M I R
C W O E E V D N U
A C M R N W E S M
N W I H K S L R P
K T R B R R R W Y
```

Ache	Ill
Cough	Sick
Doctor	Sneeze
Fever	Sniffle
Grumpy	Tired

The Ocean

```
N K L X Z R K D S
E E K D S Z H E E
V S R H R V C D A
A G A O C Y A I L
W R C L H N E T N
K L J G T S B M H
L O B S T E R S K
S L L E H S I P X
V F J X M F X Q K
```

Beach	Shark
Fish	Shells
Lobster	Shore
Salt	Tide
Seal	Wave

The Olympics

V S U M M E R D Z
G K L Y M T T Q Y
R Y C N F L A G S
J R M A P Y W K E
N E M H R B A V L
D T E C Y T I C G
H N D A E D Z H T
M I A O C M D L C
Y W L C X I K S R

Coach	Skate
Dive	Ski
Flag	Summer
Gym	Track
Medal	Winter

On Vacation

```
G Q P I H S G R F
R D R I V E N B L
M J Y F E H L M Y
P Z L E V A R T N
M E K G E W T H X
I F E C N R P C P
W H N L C N W A C
S A N R S P C E N
D L K G Q K F B C
```

Beach   Pack
Dance   Ship
Drive   Sleep
Eat   Swim
Fly   Travel

On the Boardwalk

```
L  C  L  O  W  N  K  Z  P
S  H  O  R  T  S  F  I  T
N  F  T  N  K  N  Z  D  Y
O  Z  Q  J  O  Z  T  D  L
O  D  P  S  A  I  N  L  R
L  N  A  T  E  A  S  Z  Q
L  A  L  T  C  D  J  E  P
A  S  S  W  N  Z  I  L  K
B  S  E  Z  I  R  P  R  K
```

Balloons	Pizza
Candy	Prizes
Clown	Rides
Noise	Sand
Pals	Shorts

Pizza!

```
T  R  L  Z  Z  E  D  M  V
J  G  N  I  S  N  I  K  R
T  O  H  E  O  Q  N  T  E
J  M  E  C  N  G  N  L  D
Z  H  N  K  R  W  E  H  R
C  X  K  E  U  U  R  R  O
R  Y  A  M  B  V  S  N  J
Y  S  S  A  U  C  E  T  B
E  C  R  U  M  B  S  L  N
```

Burn   Grease
Cheese   Hot
Crumbs   Oil
Crust   Order
Dinner   Sauce

Princess

```
N E R D R A G O N
D L W E N D D Y Y
A T D T T N R M F
O S H R A I O K N
T A O W E A R W N
D C R Z T S O P M
K J S M Q R S R S
M Y E P C L T K N
H E C N I R P K L
```

Castle | Moat
Crown | Prince
Dragon | Sprite
Dress | Toad
Horse | Wand

Say Cheese!

```
K T S N E L Y T N
W V P Y W N P F D
P O N B O H O S X
A J T T L C Q H F
N F T O U J M U L
S U I S H Y U T A
B X K L B P B T S
L P G N M M L E H
N C A M E R A R P
```

Album	Focus
Button	Lens
Camera	Photo
Film	Shutter
Flash	Snap

School Days

```
F N L I C N E P L
N R R V P K T Z E
O T I C F N G D A
T E D E S K R L R
E T L B N A N L N
B I H I O D M E W
O R V B P A S B Q
O W R N T U F J Y
K B M H C G P L T
```

Bell	Math
Board	Notebook
Desk	Pencil
Friends	Pupil
Learn	Write

Science Class

```
M  M  K  R  T  R  D  Y  W
P  X  Q  J  E  M  D  V  A
O  F  L  P  H  S  Y  A  T
U  H  O  A  E  C  D  P  E
R  R  W  N  B  X  O  O  R
T  K  E  P  V  X  B  R  C
T  G  T  Y  D  U  T  S  Q
P  S  K  C  O  R  D  T  L
J  G  L  A  S  S  K  R  F
```

Body   Report
Genes   Rocks
Glass   Study
Lab   Water
Pour   Vapor

Shapes

```
Y H R G Y S N B M
L D E M T R K M F
S Q U A R E E K L
J O R C R L D F C
E V M M C T P K T
D A R R F L A T N
I L I L T Y M G E
W C F D N U O R B
C T R I A N G L E
```

Bent
Circle
Flat
Heart
Oval

Round
Square
Star
Triangle
Wide

Shopping

```
B G N M T L Y X V
L A Y W V Z U F T
R M H R E H B L Z
Y E L D S R I D S
G S R A O N O Y W
A H C Z E L O T K
T T L S D T L T S
M C L O T H E S P
D S T N E S E R P
```

Buy   Lines
Cash   Presents
Clothes   Store
Dolls   Tag
Games   Toys

Sleepovers

```
A M A J A P P S G
R G Q Y R E R E O
P G K T E M E I O
I T A L G M K R D
L Y S M O Z A O I
L A A V E N W T E
O Y I L L S A S S
W E K D P R T G M
S K K V F U N X T
```

Awake · Movies
Asleep · Pajama
Fun · Pillow
Games · Play
Goodies · Stories

Spring

```
L M K F M D M M Q
C R X A L O L D M
W H R T S R I R N
Y C I S X N R I O
H N O R N C P Z S
C L I C P R A Z A
B W Y A M T T L E
K X B I R D S E S
C T V H Y W A R M
```

April	March
Blossom	May
Birds	Rainy
Chirp	Season
Drizzle	Warm

Spooky

```
M C T R E A T P N
N E E W O L L A H
B E G L N G T T S
M I M G P H T S H
A R M M G J T C I
E E H I U R L A V
R E R J I M T R E
C F R C Y N M E R
S L K H A G R Y G
```

Eerie   Scare
Fright   Scream
Hag   Shiver
Halloween   Treat
Mummy   Trick

44

Summer

```
Z T Y N R M M Y L
T S V N E J R K N
M U N L N A U T R
D G T J E U K L L
N U K W D V S W Y
A A J F H U M I D
T T U T A E W S T
X N N K L X K O P
L T E F M R H Y K
```

August	Melt
Hot	Sweat
Humid	Sunny
July	Tan
June	Weary

Tea Party

```
Y N E F S U G A R
B F I V A K L I M
L N K K N N Y V E
C K O K P S C D T
J Z O L B A D Y A
A L C M L C N L L
M C U P S R A Y P
M R N V V C T B T
C D N F E Z Z L X
```

Cookie
Crumbs
Cups
Fancy
Jam

Lace
Milk
Napkin
Plate
Sugar

Up in the Sky

```
N  G  T  Y  D  Z  S  G  H
J  Y  R  U  X  N  N  W  T
M  P  O  A  O  M  O  O  N
R  L  L  W  T  R  Z  B  N
C  V  V  A  L  S  Z  Q  R
G  B  M  D  N  R  E  C  A
Z  R  S  M  L  E  U  N  I
G  E  C  A  P  S  L  U  N
R  J  K  K  F  Q  B  S  C
```

Blue	Snow
Cloud	Space
Moon	Star
Plane	Sun
Rain	Worlds

When I Grow Up I'll Be a ...

```
T O L I P K E N P
L L B R J T M A A
C E A D E X R M I
R T A L J E O E N
S E H D N M T C T
Q T G T E L C I E
A R K N N R A L R
P T T X I X R O M
C O O K B S B P B
```

Actor	Parent
Athlete	Pilot
Cook	Policeman
Leader	Singer
Painter	Star

Winter

```
M D Y R A U N A J
T J E D N R P Q F
E L S C E K D L E
E L N P E L G L B
L I O R O M S Y R
S H W C R R B H U
N C X R M J A E A
D A R K R I R G R
Y G B M L Y P X Y
```

Chill   Hail
Cold   January
Dark   Sled
December   Sleet
February   Snow

Your Body on the Inside

```
Y F M T L T N M R
E Q K U V F T R Z
N W N Q B R A I N
D G C M D Q V W K
I P C E O W L S H
K T N E O B B P E
Q O R M L G R I A
B Y N F B L M N R
V E V R E N S E T
```

Blood	Kidney
Bone	Lung
Brain	Nerve
Cells	Rib
Heart	Spine

Your Body on the Outside

```
H  H  E  A  D  M  R  V  Z
R  A  C  Y  V  O  Q  Y  W
X  R  I  N  P  U  T  N  O
P  X  E  R  T  T  K  I  B
L  C  X  G  E  H  J  K  L
K  C  N  E  E  J  L  S  E
V  R  Y  I  T  N  T  M  N
D  E  Y  Y  H  E  S  O  N
N  Q  P  Z  C  S  H  B  F
```

Elbow | Neck
Eye | Nose
Head | Shin
Hair | Skin
Mouth | Teeth

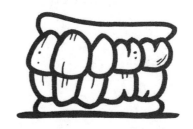

51

Yummy

```
D Y N N F L S M C
H I H M L S A C B
N T P N A M L D W
D R J L V K T N S
Y E S T O N Y P S
D A K X R C I T W
N T B C H H V T E
A P S K C A N S E
C D E S S E R T T
```

Candy   Salsa
Chips   Salty
Dessert   Snacks
Dip   Sweet
Flavor   Treat

52

After School Fun

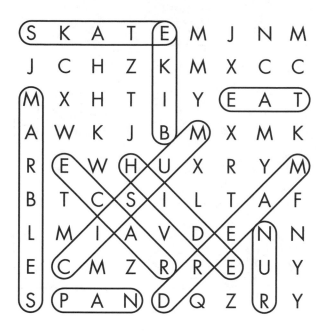

Airplane

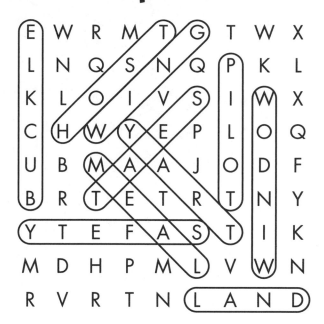

Animal Crackers Box

Around the World

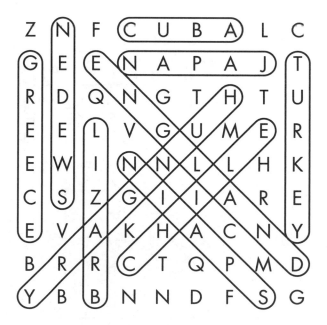

Art Class

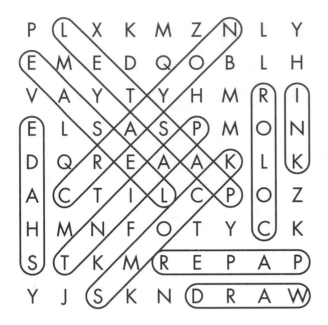

At Home

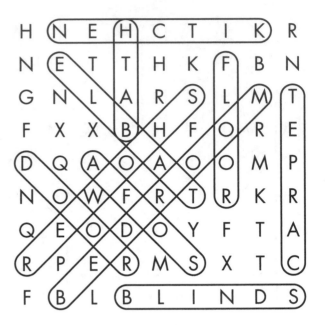

Basketball

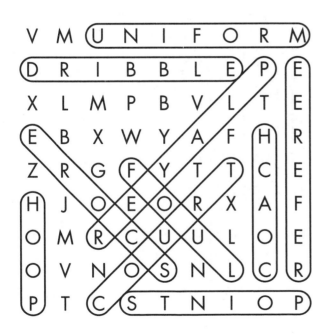

Bedtime

54

The Big City

```
J L R S U B W A Y
M T H S U R M J G
N T L B U S Y N Z
K L A W E D I S L
N N C R D D V M I
P E E A L D P M G
K N R I B J E N H
T Y U I K Q E T T
L B B N S Q B M S
```

Brrr!

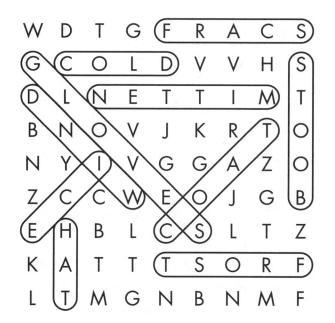

```
W D T G F R A C S
G C O L D V V H S
D L N E T T I M T
B N O V J K R T O
N Y I V G G A Z O
Z C C W E O J G B
E H B L C S L T Z
K A T T T S O R F
L T M G N B N M F
```

Car Wash

```
V T R E K Y K D G
N J P E H T T M O
Y I R K P O R H I
W A R A P A S Q L
G S Y R R U O E F
V D K B R Y N S H
N U M B U R C S R
L S C L E A N B N
P B L Y T M Z Q R
```

Dinnertime

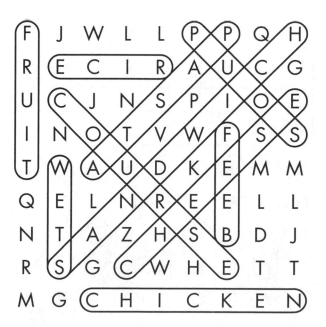

```
F J W L L L P P Q H
R E C I R A U C G
U C J N S P I O E
I N O T V W F S S
T W A U D K E M M
Q E L N R E E L L
N T A Z H S B D J
R S G C W H E T T
M G C H I C K E N
```

Eat Your Veggies!

```
Z P O T A T O Z X
R E P P E P N R B
T K R X W T A K M
O D C Y P V E G T
M Q N O J D B R T
A C A R R O T E N
T V Z M P N E E G
O L J E F B V N M
H C A N I P S S N
```

Fall

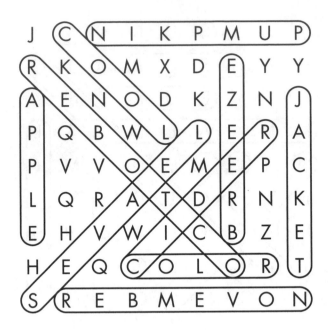

```
J C N I K P M U P
R K O M X D E Y Y
A E N O D K Z N N
P Q B W L L E R J
P V V O E M E P A
L Q R A T D R N C
E H V W I C B Z K
H E Q C O L O R E
S R E B M E V O N T
```

Forest Animals

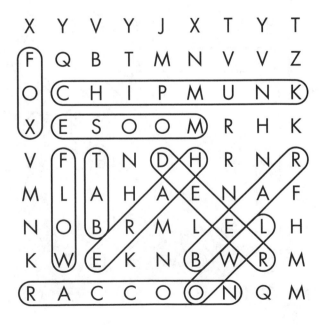

```
X Y V Y J X T Y T
F Q B T M N V V Z
O C H I P M U N K
X E S O O M R H K
V F T N D H R N R
M L A H A E N A F
N O B R M L E L H
K W E K N B W R M
R A C C O O N Q M
```

Ha-Has

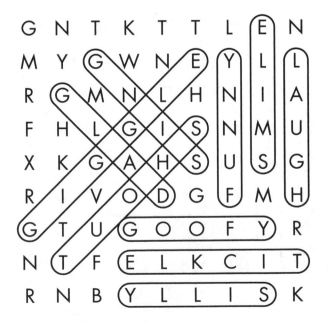

```
G N T K T T L E N
M Y G W N E Y L L
R G M N L H N I A
F H L G I S N M U
X K G A H S U S G
R I V O D G F M H
G T U G O O F Y R
N T F E L K C I T
R N B Y L L I S K
```

Hockey

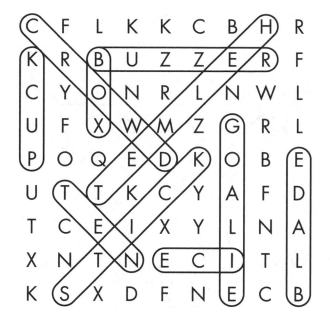

Horseback Riding

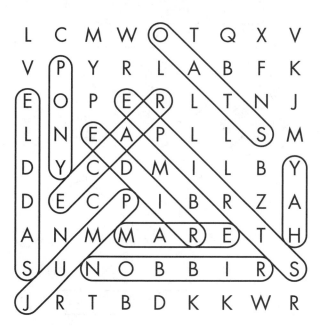

In the Country

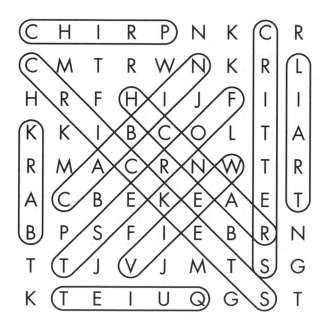

In the Kitchen

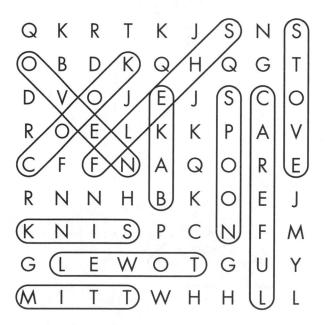

Learning Languages

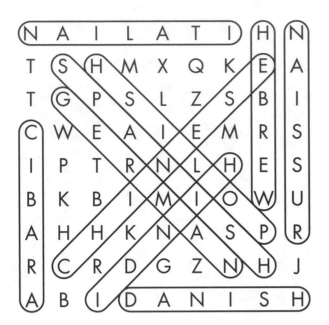

Legends

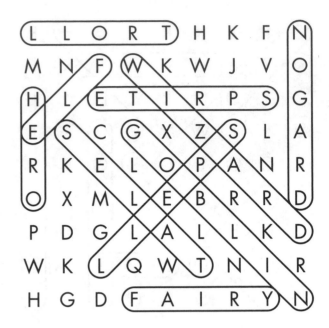

Let's Dance

Music

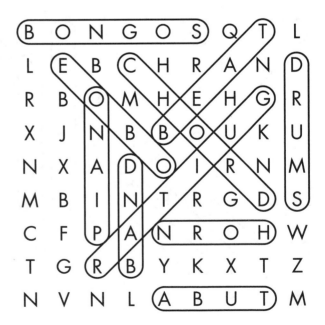

My Bedroom

```
M  P  G  A  M  E  S  T  N
D  R  A  D  I  O  E  E  L
E  P  R  Y  G  K  Y  L  M
B  C  H  F  N  N  M  B  E
C  H  M  A  N  C  N  A  S
Y  M  L  E  N  G  N  T  S
Q  B  A  T  B  G  U  W  Y
T  T  N  T  T  Y  E  R  L
R  E  T  S  O  P  Y  R  T
```

Not Feeling Well?

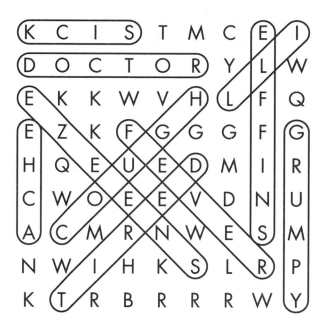

```
K  C  I  S  T  M  C  E  I
D  O  C  T  O  R  Y  L  W
E  K  K  W  V  H  L  F  Q
E  Z  K  F  G  G  G  F  G
H  Q  E  U  E  D  M  I  R
C  W  O  E  E  V  D  N  U
A  C  M  R  N  W  E  S  M
N  W  I  H  K  S  L  R  P
K  T  R  B  R  R  R  W  Y
```

The Ocean

```
N  K  L  X  Z  R  K  D  S
E  E  K  D  S  Z  H  E  E
V  S  R  H  R  V  C  D  A
A  G  A  O  C  Y  A  I  L
W  R  C  L  H  N  E  T  N
K  L  J  G  T  S  B  M  H
L  O  B  S  T  E  R  S  K
S  L  L  E  H  S  I  P  X
V  F  J  X  M  F  X  Q  K
```

The Olympics

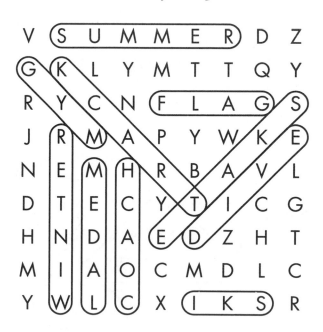

```
V  S  U  M  M  E  R  D  Z
G  K  L  Y  M  T  T  Q  Y
R  Y  C  N  F  L  A  G  S
J  R  M  A  P  Y  W  K  E
N  E  M  H  R  B  A  V  L
D  T  E  C  Y  T  I  C  G
H  N  D  A  E  D  Z  H  T
M  I  A  O  C  M  D  L  C
Y  W  L  C  X  I  K  S  R
```

On Vacation

```
G Q P I H S G R   F
R D R I V E N B   L
M J Y F E H L M   Y
P Z L E V A R T N
M E K G E W T H X
I F E C N R P C P
W H N L C N W A C
S A N R S P C E N
D L K G Q K F B C
```

On the Boardwalk

```
L C L O W N K Z P
S H O R T S F I T
N F T N K N Z D Y
O Z Q J O Z T D L
O D P S A I N L R
L N A T E A S Z Q
L A L T C D J E P
A S S W N Z I L K
B S E Z I R P R K
```

Pizza!

```
T R L Z Z E D M V
J G N I S N I K R
T O H E O Q N T E
J M E C N G N L D
Z H N K R W E H R
C X K E U U R R O
R Y A M B V S N J
Y S S A U C E T B
E C R U M B S L N
```

Princess

```
N E R D R A G O N
D L W E N D D Y Y
A T D T T N R M F
O S H R A I O K N
T A O W E A R W N
D C R Z T S O P M
K J S M Q R S R S
M Y E P C L T K N
H E C N I R P K L
```

60

Say Cheese!

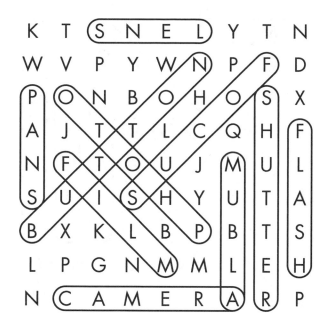

School Days

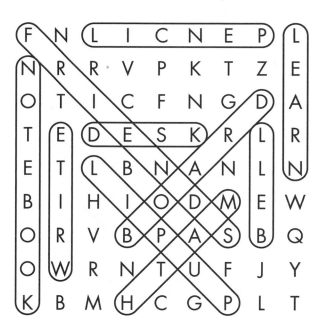

Science Class

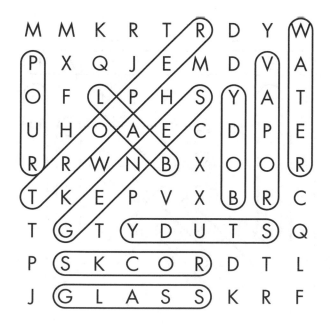

Shapes

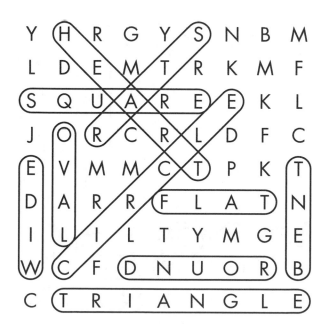

Shopping

Sleepovers

Spring

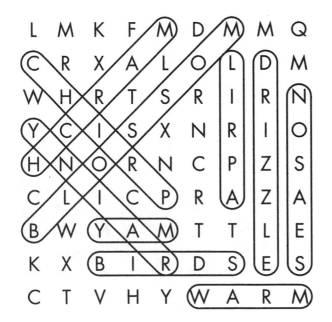

Spooky

62

Summer

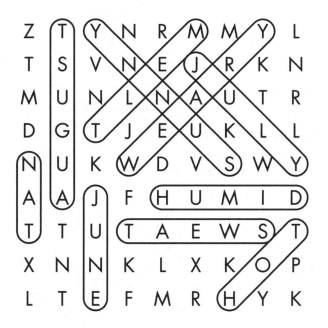

Tea Party

Up in the Sky

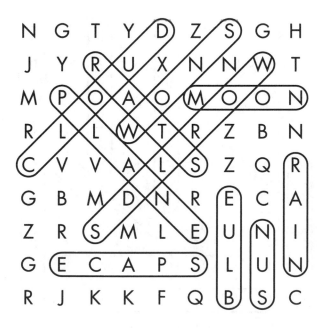

When I Grow Up
I'll Be a ...

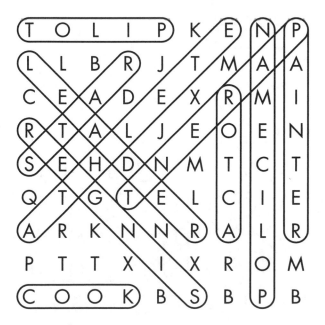

Winter

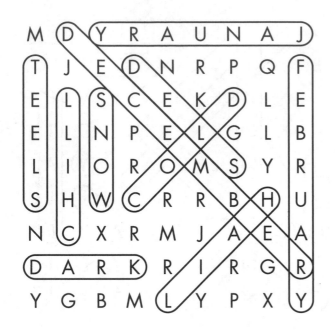

Your Body on the Inside

Your Body on the Outside

Yummy

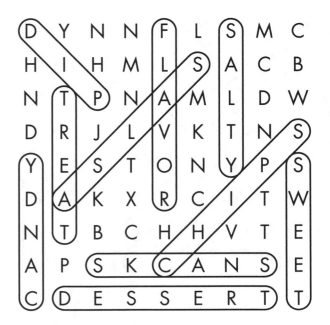